Hermann Schulze-Berndt

New Age und Christentum?

Informationen und Orientierungshilfen zu einer neuen religiösen Strömung

Steyler Verlag – Wort und Werk
4054 Nettetal 2

Inhalt

CIP-Titelaufnahme der Deutschen Bibliothek

Schulze-Berndt, Hermann:
New age und Christentum?: Informationen u. Orientierungshilfen zu e. neuen religiösen Strömung / Hermann Schulze-Berndt. – 1. Aufl. – Nettetal: Steyler Verl. – Wort u. Werk, 1989
ISBN 3-8050-0225-4

ISBN 3-8050-0225-4
1. Auflage 1989

Herstellung: Druckerei Steyl B.V., NL.

Auf ein Wort:

Neue Zeit

Man ruft sie aus,
die neue Zeit.
Doch was sie ist
und wie sie kommt,
das führt zum Streit.
Bewußtsein weit,
Versenkung tief
soll'n führen uns
zur neuen Zeit.
Als Zeichen dient
der Wassermann,
er kündigt
bess're Tage an.
Doch mit Geist allein
ist's nicht getan.
Das neue Sein
fängt beim Handeln an.
Das eigene Selbst,
es wächst am Du,
die gute Tat
kommt dann hinzu.
Der Weg ist weit.
Wer kann ihn gehn?
Die neue Zeit:
Wer wird sie sehn?

Hermann Schulze-Berndt

1. Verwirrende Vielfalt

Im Pfarrheim der Kirchengemeinde tagt der religiöse Gesprächskreis. „Da soll sich noch einer zurechtfinden“, stöhnt ein Mann. „Was sich da außerhalb der Kirchen an religiösen Bewegungen tummelt, ist ganz schön verwirrend.“ Eine Frau stimmt zu: „Das kann man wohl laut sagen . . . Ich blicke da jedenfalls nicht mehr durch.“

Dieses Gespräch gibt eine Lage wieder, die alles andere als erfreulich ist. Auf der einen Seite hat sich neben dem Christentum in Mitteleuropa und in Nordamerika eine verwirrende Vielfalt neuer religiöser Strömungen breitgemacht, auf der anderen Seite wissen viele Christen nicht, was sie damit anfangen sollen.

Im Zusammenhang mit dieser Lagebeschreibung hört man seit geraumer Zeit immer wieder einen Begriff: „New Age“. Nicht selten wird alles, was auf religiösem Gebiet neu und anders ist, mit diesem Stichwort in Verbindung gebracht. Aber so einfach sollten wir es uns nicht machen. Wir müssen schon genauer hinsehen, um zu erkennen, worum es sich bei der „New Age“-Bewegung handelt.

2. Was ist „New Age"?

New Age" ist ein englischer Ausdruck. Er heißt auf deutsch: „Neues Zeitalter" oder „Neue Zeit". Es ist sogar die Rede von einer regelrechten „New Age"-*Bewegung.* In ihr kommen viele verschiedene Strömungen und Menschen zusammen, beispielsweise Anhänger indischer Gurus oder Buddhisten mit Blick in den Fernen Osten – oder auch Vertreter psychologischer Methoden aus dem Westen sowie Astrologen, also moderne Sterndeuter; ebenso Anthroposophen und Theosophen, also Gefolgsleute von Lehren, die sich vor vielen Jahren aus der Verbindung von Hinduismus und abendländischer Philosophie entwickelt haben. Sogar solche Leute, die den mittelalterlichen Hexenglauben wiederbeleben wollen oder auf die Kräfte heidnischer Medizinmänner aus Naturreligionen schwören, zählen dazu. Ähnliches gilt für andere, die alte Geheimlehren entdeckt zu haben glauben oder neue Mythologien, also moderne Sagenwelten, pflegen; schließlich auch Naturwissenschaftler, die weltanschaulich auf der Suche sind.

Die „New Age"-Bewegung ist keine einheitliche Vereinigung, eher eine bunte Mischung verschiedenster Bestandteile. Sie hat keine gemeinsame Verwaltung, keine strenge Führung. Sie ist vielmehr ein Sammelbecken für diejenigen Menschen geworden, die außerhalb der christlichen Kirchen nach

neuen Antworten auf ihre religiösen Sehnsüchte Ausschau halten.
Die „New Age"-Bewegung sieht sich selber auch als „*Netzwerk*". Gemeint ist damit, daß die Einzelteile zwar sehr verschieden, trotzdem aber – gleichsam auf wunderbare Weise – wie durch ein Netz miteinander verflochten sind.

3. Woran glaubt die „New Age“-Bewegung?

Obschon die Elemente der „New Age“-Bewegung so verschieden sind, haben sie doch etwas gemeinsam, nämlich die Überzeugung, daß die Menschheit heute in einer *„Wendezeit“* lebt. Demnach befinden wir uns derzeit noch im alten Zeitalter der *„Fische“*. Dieses werde vom Christentum und den anderen großen Weltreligionen beherrscht. Doch das neue Zeitalter, eben das „New Age“, werde nicht mehr allzu lange auf sich warten lassen. In diesem neuen Zeitalter des *„Wassermanns“*, so hört man, werde das Christentum von einer Epoche abgelöst, die alle bisherigen Religionen wie in einem Schmelztiegel vereine.
Die Worte *„Fische“* und *„Wassermann“* sind keine Erfindungen der „New Age“-Bewegung. Sie stammen vielmehr aus der Astrologie, also aus jenem Bemühen, menschliche Schicksale und Lebensläufe vom Stand der Sterne abhängig zu machen. *„Fische“* und *„Wassermann“* sind Tierkreiszeichen, ähnlich wie „Steinbock“ oder „Krebs“. Jedem dieser Sternzeichen werden von den Astrologen bestimmte Zeitalter zugeordnet. Darum ist vom „Fische“-Zeitalter und vom „Wassermann“-Zeitalter die Rede.
Das eigentliche Ziel der „New Age“-Bewegung besteht darin, einen erfolgreichen Weg ins neue Zeitalter zu beschreiten. Auf diesem Weg soll sich

das menschliche Denken und Fühlen gänzlich verändern. Durch einen „Quantensprung des Bewußtseins“, so heißt es, werde ein neues Kapitel in der Entwicklung der Menschheit aufgeschlagen. Das Bewußtsein des einzelnen Menschen könne nach und nach höhere „Seinsstufen“ besteigen, am Ende in das kosmische Gesamtbewußtsein eintauchen und dadurch gleichsam mit Gott verschmelzen, eins werden. Dieser Vorgang entspräche dann einer Vergöttlichung des Menschen.
In der „New Age“-Bewegung kreist letztlich alles um die vielbeschworene Umwandlung des menschlichen Bewußtseins. Uneinigkeit herrscht freilich in der Frage, *wie* diese Veränderung bewerkstelligt werden soll. Dafür werden jedenfalls viele verschiedene Angebote unterbreitet, vor allem bestimmte Meditationsübungen oder auch magische Riten. Im Glauben an das neue Zeitalter und an den erlösenden Weg der Bewußtseinsverwandlung stimmen die einzelnen Strömungen der „New Age“-Bewegung überein, in der Vielfalt ihrer Methoden unterscheiden sie sich allerdings voneinander.

4. Vieles ist nicht neu

Die Angebote der „New Age"-Bewegung sind gar nicht so neu, wie sie nach außen hin erscheinen. Auch sie haben eine lange Geschichte hinter sich, zum Beispiel im Hinduismus und im Buddhismus. Doch viele Europäer kennen die Vergangenheit der fernöstlichen Religionen nicht und halten deshalb die Angebote für neu.

Die Anfänge der „New Age"-Bewegung darf man keineswegs erst in den 80er Jahren suchen. Schon in den 60er Jahren tauchten im Rahmen damaliger Strömungen (z. B. Hippie-Bewegung) verwandte Stichworte auf. Später allerdings verdichteten sie sich zu einer eigenen Welle.

1968 erregte das Musical „Hair" von Gerome Ragni, James Rado und Galt MacDermot weltweites Aufsehen, weil es den Protest der aufbegehrenden jungen Generation gegen viele Gewohnheiten und Verhaltensweisen der Erwachsenen musikalisch zum Ausdruck brachte. Doch wer erinnert sich heute noch an das erste Lied des Musicals? Wahrscheinlich kaum einer.

Der Eingangssong von „Hair" trägt den Titel: „Wassermann" (englisch: „Aquarius"). Heute könnte das Lied eine Hymne der „New Age"-Bewegung sein, denn sein Text ist inhaltlich genau dort beheimatet. Da heißt es nämlich:

„Wenn der Mond im siebten Hause steht
und Jupiter auf Mars zugeht,
herrscht Friede unter den Planeten,
lenkt Liebe ihre Bahn.
Genau ab dann regiert die Erde der Wassermann . . .
Harmonie und Recht und Klarheit,
Sympathie und Licht und Wahrheit.
Niemand wird die Freiheit knebeln,
niemand mehr den Geist umnebeln.
Mystik wird uns Einsicht schenken,
und der Mensch lernt wieder denken,
dank dem Wassermann, dem Wassermann."

1968 konnte noch niemand ahnen, was sich aus diesem Traum vom „Wassermann" entfalten sollte. Heute ist es müßig, darüber Mutmaßungen anzustellen, was wohl geschehen wäre, wenn man dieses Lied von Beginn an inhaltlich ernster genommen hätte. Jedenfalls war es unverkennbar ein Vorbote der heutigen „New Age"-Bewegung.

5. Die sanfte Verschwörung

Das Symbol des Tierkreiszeichens „Wassermann" ist eine doppelte, parallele Wellenlinie. In der „New Age"-Bewegung wird es in Beziehung gesetzt zu zwei Begriffen der chinesischen Philosophie, zu den Wörtern „Yin" und „Yang". „Yin" ist für sich die weibliche, gefühlsmäßige, verbindende Kraft. „Yang" ist für sich die männliche, verstandesmäßige, ausdehnende Kraft . . . „Yin" als weibliches Prinzip steht auch für die Erde, „Yang" als männliches Prinzip für den Himmel. Wenn beide Zeichen (wie es in der „New Age"-Bewegung geschieht) zu einem einzigen Symbol vereint werden, wird dadurch die Überwindung der Gegensätze, ein ausgeglichener Zustand der Harmonie abgebildet. Und das ist dann genau jene Harmonie, von der in dem „Hair"-Lied „Wassermann" die Rede war. In diesem Zusammenhang wird die parallele Wellenlinie des „Wassermann"-Symbols als westliche Entsprechung zum östlichen „Yin-Yang"-Zeichen gedeutet.

Um den erhofften Zustand der inneren und äußeren Harmonie zu erreichen, bedarf es nach Ansicht vieler Vertreter der „New Age"-Bewegung nicht nur einer Bewußtseinsveränderung des einzelnen Menschen, sondern es muß auch zu einer „sanften Verschwörung" mehrerer Menschen kommen. Ein Bestseller-Buch der „New Age"-Philosophie heißt entsprechend: „Die sanfte Verschwörung“. Die Autorin Marilyn Ferguson äußert darin die Ansicht, daß sich der erstrebte Bewußtseinswandel nicht mit Pauken und Trompeten vollzieht, sondern still und heimlich in kleinen Gruppen Gleichgesinnter, die gegebenenfalls mit anderen Gruppen Beziehungen unterhalten, ohne dabei ihre Unabhängigkeit zu verlieren. Auf diese Weise, so das Ziel, soll sich das internationale „Netzwerk“ aus „New Age“-Anhängern herausbilden, und zwar ohne politische Manifeste oder lautstarke Versprechungen.

Der amerikanische Physiker Fritjof Capra ist neben Marilyn Ferguson einer der herausragenden Repräsentanten der „New Age“-Bewegung. Sein Buch „Wendezeit“ wurde ebenfalls zum Bestseller. Capra vertritt die Meinung, daß die Welt derzeit in einer tiefen Krise steckt. Er glaubt, daß diese Krise nicht allein einzelne Menschen, Regierungen oder gesellschaftliche Einrichtungen betrifft, sondern vielmehr einen Übergang von weltweiten Ausmaßen kennzeichnet. Die gegenwärtigen sozialen Veränderungen, so Capra, seien das Spiegelbild einer weitaus umfassenderen und unumgänglichen kulturellen Umgestaltung. Nur wenn dies erkannt werde, könne der Übergang harmonisch und friedlich sein. Gemeint ist damit – wie könnte es anders sein – der Wechsel vom „Fische“-Zeitalter zum „Wassermann“-Zeitalter.

6. „New Age“ und Okkultismus

Weil die religiöse Betriebsamkeit außerhalb der Kirchen derzeit recht hoch ist, besteht die Gefahr, alles, was sich da ereignet, in einen Topf zu werfen. So kommt es immer wieder vor, daß die „New Age“-Bewegung ganz allgemein mit dem Okkultismus über einen Kamm geschoren wird. Der Okkultismus wiederum ist der Oberbegriff für das mehr oder weniger geheime Ausüben und Lehren abseits gelegener religiöser Rituale. Er läßt sich in Deutschland unterscheiden in:

– die *Astrologie,* den Glauben an die schicksalhafte Macht der Gestirne,

– den *Spiritismus,* den vermeintlichen Kontakt mit den angeblichen Geistern toter Menschen, in Wahrheit jedoch die unbewußte Aktivierung verborgener seelischer Energien,

– den *Satanismus,* die Anbetung des Teufels.

Spiritismus und Satanismus haben in der Regel nichts mit der „New Age“-Bewegung zu tun. Die Astrologie hingegen hat mit ihr, wie schon gezeigt wurde, durchaus Berührungspunkte, muß aber nicht von vornherein als zur „New Age“-Bewegung gehörig betrachtet werden, da es auch genügend Astrologen gibt, die mit dem „New Age“-Denken nichts im Sinn haben. Vergleichbares gilt für Hellseher, Kartenleser oder ähnliche Leute. Zur Anhängerschaft von „New Age“ gehört eben nur, wer an das Kommen des „Neuen Zeitalters“ glaubt und den Weg der Bewußtseinsverwandlung auf seine persönliche Fahne geschrieben hat. Längst nicht alle okkulten Aktivisten glauben an diese Ziele.

Besser als das Wort „Okkultismus“ ist der Begriff *„Esoterik“* geeignet, die „New Age“-Bewegung aufzunehmen. Das entsprechende Eigenschaftswort heißt: „esoterisch“. Das bedeutet soviel wie: „nach innen gerichtet“, „geheim“, „nur für Eingeweihte bestimmt“. Das Hauptwort „Esoterik“ meint also die nur für Eingeweihte vorgesehene Lehre über das, was nach innen gewandt ist. Angesprochen ist damit nicht nur das Innere des einzelnen Menschen, sondern auch der ganzen Welt. Es gibt mehrere solcher esoterischen Lehren. Und es gab sie auch in früheren Jahrhunderten. Um Christi Geburt trat zum Beispiel im Osten des Römischen Reiches eine Bewegung auf, die man später *„Gnostizismus“* nannte. Die Anhänger dieser Strömung wollten in unterschiedlichen Ausprägungen das Heil des Menschen von seiner Erkenntnis (griechisch: „Gnosis“) der Geheimnisse der Welt und Gottes abhängig machen. In der Lehre entfernten sich die Gnostiker aber derart vom jungen Christentum, daß sie ihre religiöse Heimat nicht mehr unter dem Dach der frühen Kirche aufschlagen konnten. Manche Menschen denken an diese Zeit, wenn sie die „New Age“-Bewegung als „neue Gnosis“ oder kurz als „Neo-Gnosis“ bezeichnen.

7. „New Age“ und Jugendsekten

In den 70er Jahren wurde man auf die sogenannten „Jugendsekten“ aufmerksam, auf neue religiöse Gruppierungen, denen damals viele Jugendliche beitraten. Heute ist es nicht mehr richtig, von *Jugend*sekten zu sprechen, weil die Mitglieder dieser Organisationen mehrheitlich erwachsen sind. Daher ist es besser, einen anderen Begriff zu wählen, zum Beispiel „Neo-Religionen“, weil es sich um *neue* religiöse Bewegungen handelt.

Manchmal wird die „New Age“-Bewegung mit den „Neo-Religionen“, also den früheren Jugendsekten, gleichgestellt. Ein solches Unterfangen ist aber nicht korrekt. Denn die „Neo-Religionen“ sind verhältnismäßig kleine religiöse Vereinigungen mit einer Führer- oder Gründergestalt an der Spitze, einer strengen Verwaltung und einem einheitlichen Aufbau. Die „New Age“-Bewegung hingegen ist keine geschlossene Organisation, sondern – wie schon dargelegt – ein bunt gemischtes Sammelbecken. Dieser klare Unterschied verbietet allerdings nicht den Versuch, in den Lehren der „New Age“-Bewegung und einiger „Neo-Religionen“ das eine oder andere gemeinsame Stichwort zu entdecken.

8. Unterschiede zwischen „New Age"-Bewegung und Christentum

Wenn man die Lehren des Christentums mit den Vorstellungen der „New Age"-Bewegung vergleicht, kommt man nicht umhin, markante Unterschiede festzustellen. Deren Zahl ist so hoch und deren Bedeutung wiegt so schwer, daß insgesamt das Urteil gelten muß: Der Glaube an das neue Zeitalter und der Glaube an Jesus Christus sind *nicht* miteinander vereinbar. Diese Erkenntnis hat nichts mit fehlender Toleranz oder mit bösem Willen zu tun, sondern entspricht dem redlichen Bemühen, Gegensätze und Unterschiede auszusprechen, wenn sie vorhanden sind. Die theologische Kluft zwischen „New Age"-Bewegung und Christentum wird im folgenden an maßgeblichen Punkten verdeutlicht.

Die Gotteslehre

Das Gottesbild der „New Age"-Bewegung unterscheidet sich erheblich von der Art, wie Christen über Gott sprechen. Im „New Age"-Denken wird Gott als göttlicher Geist, als unpersönliches kosmisches Bewußtsein betrachtet, das eins mit dem Weltganzen ist. Diese Auffassung nennt man auch „Pantheismus". Christen hingegen sehen Gott als persönliches Gegenüber, das als Einheit von Vater,

Sohn und Geist im Gebet, in der Bibel, im Gottesdienst nahe und als Schöpfer nicht mit der Schöpfung identisch ist.

Die Bedeutung Jesu

Nach „New Age"-Lehre steht Jesus Christus auf der gleichen Stufe wie bedeutende Propheten oder andere „Verkörperungen des göttlichen Geistes". Für Christen ist Jesus aber als Sohn Gottes „der Weg, die Wahrheit und das Leben" schlechthin.

Die Auffassung vom Geist

In den Augen der „New Age"-Bewegung entspricht der göttliche Geist dem unpersönlichen kosmischen Bewußtsein, mit dem der Mensch von sich aus eins werden kann. Christen sprechen dagegen vom „Heiligen Geist". Diesen sehen sie neben Vater und Sohn als eine der drei Personen der ganzen ungeteilten Gottheit. Der Heilige Geist ist als persönliche Kraft wirksam und als Du ansprechbar.

Das Menschenbild

Der Mensch hat das Göttliche nach „New Age"-Auffassung bereits in sich und muß es „nur" durch die allmähliche Verwandlung seines Bewußtseins entfalten. Im christlichen Glauben wird der Mensch als Geschöpf Gottes begriffen, das einmalig, fehlbar und daher unvollkommen ist.

Das Verständnis der Welt

Glaubt man der „New Age"-Bewegung, ist die Welt der Spielraum für die zeitlose Entwicklung des kosmischen Geistes. Von einer unendlichen Evolution ist die Rede. Christen betrachten die Welt jedoch als Schöpfung Gottes mit einem Anfang und einem Ende. Gott war es, der den Beginn markierte. Und er wird es sein, der mit dem „Jüngsten Tag" einen Schlußpunkt setzen wird.

Weltveränderung

Die Zukunft der Welt wird nach den Vorstellungen der „New Age"-Philosophie dadurch sozusagen automatisch besser, daß genügend Leute einzeln ihr Bewußtsein verändern. Das Christentum bestreitet demgegenüber, daß Veränderungen, die viele Menschen betreffen sollen, derart einfach vor sich gehen können. Nicht zuletzt die Sozialenzykliken der Päpste machen deutlich, daß immer auch soziale und politische Schritte nötig sind, um zu einer gerechteren und friedlicheren Welt zu gelangen.

Schuld und Sünde

Das Böse wird von „New Age"-Anhängern mitunter als ein Zustand verstanden, in dem man nicht „erleuchtet", d. h. noch nicht endgültig mit dem göttlichen Geist verschmolzen ist. Dies ist jedoch eine trügerische Verharmlosung der Tatsache, daß der Mensch sowohl im Privatleben als auch im

Gemeinwesen Böses tun und dadurch schuldig werden kann. Der Mensch kann die Sünde nicht durch perfektes Bewußtseinstraining aus der Welt schaffen.

Die Erlösung

Die „New Age"-Bewegung lehrt, daß der Mensch sich selbst durch Umwandlung seines Bewußtseins und durch Vereinigung desselben Bewußtseins mit dem göttlichen Geist aus eigener Kraft erlösen kann. Die christlichen Kirchen lehren hingegen, der Mensch soll sich zwar, so gut er kann, aktiv um das Gute bemühen, ist aber letztlich allein auf die Gnade und die Barmherzigkeit Gottes angewiesen. Nach christlicher Überzeugung kann sich der Mensch nicht selbst vervollkommnen, nicht selbst erlösen. Nur Gott kann den Menschen aus der Verstrickung in Schuld und Sünde befreien.

Leben und Tod

Aus „New Age"-Sicht muß der Mensch eine „Wiedergeburt" in einem anderen Körper in Kauf nehmen, sofern die eigene Selbstvervollkommnung nicht im ersten „Anlauf" gelingt. Der Tod ist demnach dann überwunden, wenn die Verschmelzung mit dem kosmischen Bewußtsein glückt. Christen glauben, daß der Mensch einmalig vor Gott ist und nur einmal auf der Erde lebt. Um Heil zu erlangen, braucht der Mensch also nicht mehrere „Anläufe", nicht eine weitere oder mehrere Wiederverkörperungen. Gottes Gnade ist entscheidend.

Daher ist es nicht erforderlich, daß der Mensch sich auf Erden mehrmals „abstrampelt“. Der Tod ist dadurch überwunden, daß Gott Vater seinen Sohn Jesus auferweckt hat. Diese Auferstehung kann allen zuteil werden, die an Gott glauben und Gutes tun. Übrigens: Auch im christlichen Wortschatz gibt es den Begriff „Wiedergeburt“. Aber dort bedeutet er etwas völlig anderes, nämlich im Zusammenhang mit der Taufe, daß der Täufling durch die sakramentale Begnadung mit dem Heiligen Geist gleichsam ein zweites Mal geboren wird.

Freiheit oder Abhängigkeit

Wer sich im Zuge der „New Age“-Bewegung in die Gefolgschaft eines Gurus, Wunderheilers oder Astrologen begibt, läuft Gefahr, innerlich abhängig zu werden und die Kontrolle über sein Leben zu verlieren. Die Nachfolge Christi macht aber frei, insbesondere für die Zuwendung zu Gott und zum Mitmenschen.

9. Sehnsüchte in der „New Age“-Bewegung

Es wäre verhängnisvoll, die „New Age“-Bewegung nicht ernst zu nehmen. Denn in ihr kommen echte Fragen und Sehnsüchte zum Vorschein, die Beachtung verdienen. Menschen sehnen sich zum Beispiel nach

- Einheit unter den Menschen,
- Frieden mit der Wirklichkeit,
- Versöhnung mit der Natur,
- Übereinstimmung mit sich selbst.

Nicht nur junge Menschen suchen in einer Welt, in der das Dasein nicht selten in verschiedene, unverbundene Teile zu zerfließen droht, nach einer ganzheitlichen Zusammenschau irdischen Lebens. Man wünscht einen roten Faden, ein gemeinsames Fundament, ein tragfähiges Gerüst, das die zerstükkelten Bereiche modernen Daseins wieder zusammenführt und beieinander hält. Gleichzeitig wird der Wunsch laut, die Wirklichkeit unmittelbarer zu erfahren, das heißt ohne die Filterung durch Medien (z. B. Fernsehen). Es wäre nicht vermessen, von einem Hunger nach ungetrübtem Selbstsein, ja von einer Gier nach Menschsein pur zu sprechen.
Erinnern wir uns an das Lied „Wassermann“ aus dem Musical „Hair“. Darin finden sich zahlreiche Stichworte, die zeigen, wonach sich die Künstler

und ihr Publikum sehnen: „Harmonie und Recht und Klarheit, Sympathie und Licht und Wahrheit“. Die Inbrunst, mit der das Lied vorgetragen wird, unterstreicht die Aufrichtigkeit der inhaltlichen Aussage.
In einem anderen Song aus „Hair“ werden folgende Fragen gestellt: „Wo geh’ ich hin? Folg’ ich den Wolken? Wo ist der Weg, den ich nicht seh”? Wer weiß die Antwort auf meine Frage, warum ich lebe und vergeh”?“ Klarer läßt sich wohl kaum nach dem Sinn des Lebens suchen.
1986 veröffentlichte der deutsche Pop-Musiker Peter Maffay die Fortsetzung seines klanglichen Märchens über den kleinen Drachen „Tabaluga“. Der Titel des Werkes lautet: „Tabaluga und das leuchtende Schweigen“. Die Liedertexte lassen an mehreren Stellen erkennen, daß für Maffay die Grenzen zwischen Märchen, Sage und Religion recht undeutlich sind. In einem Lied heißt es: „Wo komm’ ich her, und wo geh’ ich hin? Wer sagt mir, was ich war und wirklich bin? Bin ich echt, oder träum’ ich nur schlecht? Bin ich hier zum Spaß oder zu was? Nur zur Zier? Ein Goldfisch im Glas? Ist das der Sinn, wo liegt der Sinn?“ Die Tatsache, daß viele Menschen die Schallplatte von Peter Maffay gekauft haben, gibt Anlaß zu der Vermutung, daß nicht nur die Musik, sondern auch der Text des Werkes einem großen Publikum aus der Seele spricht. Und das wiederum sollte zu denken geben.

10. Das Gespräch suchen

Es läßt sich nicht leugnen, daß Menschen heute außerhalb der Kirchen nach Antworten auf ihre Sehnsüchte suchen. Die christlichen Gemeinden sollten deswegen nicht beleidigt sein. Es gibt keinen Grund, suchenden Mitmenschen das Gespräch zu verweigern. Es wäre nicht gut, wenn Christen sagten: „Mit denen da wollen wir nichts mehr zu tun haben, die sind für uns gestorben." Im Gegenteil: Es sollte versucht werden, miteinander zu reden und gemeinsam darüber nachzudenken, was der eigentliche Sinn des Lebens ist und wie man ihn verdeutlichen kann.

Noch in den 60er und 70er Jahren haben viele Stimmen erklärt: „Religion ist aus der Mode gekommen, der Glaube ist überholt." Der Erfolg der „New Age"-Bewegung macht immerhin klar, daß diese Äußerungen von damals voreilig waren. Als richtig hat sich vielmehr die Ansicht erwiesen, daß das Religiöse in jedem Menschen schlummert, ob er es nun zugibt oder nicht. Allerdings: Das Christentum ist in Europa zur Zeit nicht mehr die einzige Ausdrucksform der religiösen Veranlagung des Menschen. In der „New Age"-Bewegung und in anderen Erscheinungen hat es gewissermaßen Konkurrenz bekommen.

11. Warum die „New Age“-Bewegung Erfolg hat

Der Erfolg der „New Age“-Bewegung kommt nicht von ungefähr. Er hat mehrere Gründe, die zum Teil zusammenwirken. Es war bereits die Rede davon, daß es der Bewegung offenbar gelingt, menschlichen Fragen und Sehnsüchten Raum zu geben, sie mit neuem Schwung zur Sprache zu bringen. Weitere Gründe lassen sich nennen:

Der Reiz des Neuen

Die Offerten der „New Age“-Bewegung wirken im Unterschied zu den kirchlichen Traditionen auf manche Menschen unverbraucht und geheimnisvoll, frisch und exotisch. Der Reiz des Neuen, die Faszination des Ungewohnten lockt an wie ein gewaltiger Magnet. Tatsächlich sind – wie schon dargelegt wurde – die Angebote der „New Age“-Bewegung gar nicht so neu, wie sie wirken.

Zukunftsangst und Krisenbewußtsein

Daß die Menschheit vor mehreren großen Problemen steht, ist bekannt. Wenn man die Umweltverschmutzung, den Hunger in der Dritten Welt oder die Bewaffnung vieler Staaten wahrnimmt, läßt sich das Wort „Krise“ durchaus vertreten. Zahlreiche

Menschen haben Angst vor der Zukunft. Sie fragen sich, was morgen sein wird, wenn alles so weitergeht wie bisher. Die „New Age"-Philosophie kommt dieser Unsicherheit entgegen, indem sie ein „neues Zeitalter" verspricht und vermeintliche Wege dorthin empfiehlt.

Religiöse Heimatlosigkeit

Außerhalb der Kirchen hat sich eine Art religiöser Heimatlosigkeit breitgemacht, ein geistig-geistliches Vakuum, in das die „New Age"-Bewegung mit ihren Angeboten vorgedrungen ist. Eine Reihe von Faktoren hat diese religiöse Leere begünstigt oder sogar hervorgerufen.

Da ist zum Beispiel die *Säkularisierung*. Der Mensch sah sich nach dem Zeitalter der Aufklärung ermutigt, sein Denken, Fühlen und Handeln vom alles beherrschenden Einfluß der Religion zu lösen und sich auf Innerweltliches zu beschränken. Doch die Welt konnte ihm nicht alle Geheimnisse des Daseins erklären. Die verborgene Sehnsucht nach übersinnlichen Kräften wurde vernachlässigt. In der „New Age"-Bewegung kommt sie wieder zum Vorschein.

Die Gesellschaften der westlichen Demokratien werden *„pluralistisch"* genannt. In ihnen ist Raum für eine Vielzahl (= Plural) verschiedener Weltanschauungen. Psychologisch bedeutet dieser Zustand unter Umständen für den Einzelnen eine Erschwernis bei seiner Selbstfindung. Wenn er nicht mehr in klar geordnete Lebensbahnen hineinwächst, sondern in einer Art Supermarkt von Sinnangeboten selbständig eine Auswahl treffen muß, kann es sein, daß er überfordert und verunsichert wird. Diese unbefriedigende Lage läßt ihn nach Wegweisungen Ausschau halten. Für manche Zeitgenossen sind es „New Age"-Gruppen, die vermeintlich schlüssige Antworten geben, mit denen das plurale Dickicht durchschaubar wird.

Den Menschen der Nordhalbkugel scheint das *Streben nach materiellen Gütern,* nach Besitz und Erfolg oftmals der Hauptantrieb ihres Handelns zu sein. Daraus erwächst eine gewisse Unersättlichkeit. Diese stellt jedoch nie zufrieden, weil es ja immer wieder mehr zu besitzen gibt. Ähnlich ist es mit dem gierigen *Trachten nach Lust und Vergnügen.* Auch hier verspricht irdisches Dasein keine allerletzte Befriedigung. Sobald Menschen dies verspüren, sind sie offen für andere Angebote, beispielsweise aus der „New Age"-Szene.

Der begeisterte *Glaube an die Mittel von Naturwissenschaft und Technik* hat in der Vergangenheit in den Köpfen und Herzen etlicher Menschen den Gott Jesu Christi verdrängt. Glaube und Naturwissenschaft schienen zeitweise erbitterte Gegner zu sein. Da die Technik aber heute selbst in Erklärungsschwierigkeiten geraten ist (zum Beispiel im Zusammenhang mit Fragen des Umweltschutzes), ist auch unter Naturwissenschaftlern eine deutliche Verunsicherung spürbar. Nicht umsonst wird von der „New Age"-Bewegung (zum Beispiel von dem Physiker Fritjof Capra) eine erneuerte Sicht der Naturwissenschaft gefordert.

Loslösung von den Kirchen

Eine Reihe weiterer Mißstände, die überwiegend innerhalb der Kirchen zu suchen sind, hat die Loslösung vom Christentum erleichtert. Enttäuschende Erlebnisse mit einzelnen Christen oder ganzen Gemeinden sowie der Eindruck, die christliche Frömmigkeit werde von vielen lebensfern oder langweilig praktiziert, mögen den einen oder anderen dazu bewogen haben, seiner Kirche den Rücken zu kehren und anderswo seine religiöse Heimat zu suchen.

12. Was die Kirchen tun können

Die christlichen Kirchen dürfen natürlich nicht tatenlos zuschauen, wie die „New Age“-Bewegung Erfolge sammelt. Sie müssen sagen, wodurch sie sich von der esoterischen Welle unterscheiden, was sie anders, was sie besser machen. Dabei geht es nicht in erster Linie darum, dem Christentum das frühere Monopol in religiösen Angelegenheiten zurückzuerobern, sondern vor allem darum, einen gesunden Streit über die Wahrheit und Menschenfreundlichkeit geistlicher Versprechungen zu führen.

An die Sehnsüchte anknüpfen

Von den Sehnsüchten und Fragen, die sich in der „New Age“-Szene äußern, war schon die Rede. Sie sind durchweg berechtigt, denn sie entsprechen tiefen menschlichen Bedürfnissen. Deshalb ist es ratsam, daß die christlichen Gemeinden verstärkt Orte werden, wo die genannten Sehnsüchte ausgesprochen und mit den überlieferten und aktuellen Antworten des Glaubens in Beziehung gebracht werden. Hierzu bedarf es in den Gemeinden einer Atmosphäre der Offenheit und der Bereitschaft, dem Suchenden zuzuhören. Nicht von oben herab, sondern in einladender Manier können Menschen, die religiös heimatlos sind und sich von den Kirchen getrennt haben, von neuem für die befreiende Botschaft Jesu Christi gewonnen werden.

Die eigene Frömmigkeit pflegen

Die Kirchen brauchen sich mit ihrem eigenen Frömmigkeitsschatz nicht zu verstecken. Es gibt keinen Grund, den Supermarkt der Weltanschauungen kleinlaut anderen zu überlassen. Ideal wäre es, wenn die Menschen von heute geradezu stürmisch an die Türen unserer Gotteshäuser klopften, um Einlaß zu erhalten und drinnen etwas von dem faszinierenden Gott Jesu Christi zu erfahren.

Aber von diesem Ideal sind wir noch ein gutes Stück entfernt. Damit wir dorthin gelangen, müßte einiges geschehen. Die Gottesdienste sollten lebendiger und alltagsnäher gestaltet, Gebet und Meditation in gebührender Weise gepflegt werden. Das Gespräch über alle großen Fragen des Lebens und die Beschäftigung mit dem Wort Gottes in der Bibel dürfen nicht fehlen.

In dem Lied „Wassermann“ aus dem Musical „Hair“ hieß es: „Mystik wird uns Einsicht schenken.“ Gemeint ist damit wohl eher die fernöstliche Suche nach dem unmittelbaren Erleben Gottes. Wir sollten aber nicht vergessen, daß auch das Christentum stets große Mystiker, bedeutende Gottsucher, hervorgebracht hat. Daran gilt es anzuknüpfen, allerdings immer unter der Voraussetzung, daß Menschen von sich aus auf Erden noch nicht die endgültige Schau Gottes bewerkstelligen können. Diese erhoffen wir uns für den „Himmel“, das heißt für den immerwährenden Zustand erfüllter Gemeinschaft mit Gott.

Umkehr tut not

Die „New Age"-Bewegung spricht viel vom nötigen Bewußtseinswandel. Im Christentum gibt es ein Wort, das man vielleicht damit verwechseln könnte: „Umkehr". Wenn Christen von Umkehr reden, meinen sie nicht die Veränderung ihres Bewußtseins mit dem Ziel, sich mit einem göttlichen Geist zu verschmelzen, sondern die durch bewußte Entscheidung herbeigeführte Abkehr vom falschen Tun und die gleichzeitige Hinwendung zum richtigen, zum sittlich guten Tun. Eigentlich könnte man das Wort „Umkehr" auch als Überschrift für eine Abfolge mehrerer Schritte nehmen: Erkenntnis falschen Denkens, Handelns oder Fühlens, Reue darüber, Bekenntnis des eigenen Tuns, Buße für das, was sündhaft am Tun war, schließlich der Entschluß und der Entwurf, das Falsche künftig nicht mehr zu tun. Diese Schrittfolge ist das klassische Modell beim Sakrament der Buße in der katholischen Kirche.

Umkehr in diesem Sinne tut auch heute nach wie vor not. Denn in vielerlei Hinsicht verhalten sich einzelne Menschen oder Gruppen oder sogar ganze Staaten falsch. Für sie ist dann die Umkehr dringend nötig. Im Unterschied zur „New Age"-Bewegung könnte die kirchliche Verkündigung verstärkt auf die Notwendigkeit der sittlichen Umkehr hinweisen.

Verantwortung für die Welt

Die „New Age"-Bewegung entwickelt eine gehörige Portion Blauäugigkeit und Wirklichkeitsferne, wenn sie darauf vertraut, daß alles wie von selber besser wird, wenn sich nur jeder Einzelne sein Bewußtsein umformen läßt. Die planvolle Gestaltung der Welt auf sozialer und politischer Ebene kommt nicht von selbst. Sie muß mühsam erarbeitet werden. Christen können sich dieser Verantwortung nicht entziehen. Denn sie stammt von Gott. Der vielfach mißverstandene Satz im ersten Buch der Bibel: „Macht euch die Erde untertan", bedeutet ja nichts anderes als den Auftrag, behutsam und fürsorglich mit der Schöpfung umzugehen. Jesus knüpft daran an, indem er uns das Gebot der Nächstenliebe und den Appell zur Feindesliebe vor Augen stellt.

Ganzheitlicher Lebensstil

In unseren Kirchengemeinden ist durchaus eine Menge los. Es ist ja nicht so, als ob nichts geschähe. Aber vielleicht fehlt bei vielen Aktivitäten das überraschende Moment, ein bißchen mehr Phantasie, ein Funke Begeisterung, eine ansteckende Offenheit. Vielleicht ist unser Glaube zu sehr vom Verstand geprägt, und Herz und Bauch kommen zu kurz. Die Christen dürfen sich nicht vom Trott, von der Routine, überwältigen lassen, sondern sollten immer wieder spüren lassen, daß ihnen der Glaube an Jesus Christus gut tut und leben hilft. Wenn Sonntag und Alltag, Wort und Tat, Gebet und Aktion eins werden, wenn die Ganzheitlichkeit gläubigen Lebens Gestalt annimmt, gibt es nichts Überzeugenderes als das Christsein in Glaube, Hoffnung und Liebe.

13. Wann die Zeit da ist

Im dreizehnten Kapitel des Markus-Evangeliums spricht Jesus:

„Himmel und Erde werden vergehen,
aber meine Worte werden nicht vergehen.
Doch jenen Tag und jene Stunde
kennt niemand,
auch nicht die Engel im Himmel,
nicht einmal der Sohn,
sondern nur der Vater.
Seht euch also vor,
und bleibt wach!
Denn ihr wißt nicht,
wann die Zeit da ist.“ (Mk 13, 31–33)

Keine Frage: Wir alle sind neugierig darauf, wie die Zukunft, wie die Welt von morgen aussehen wird. Aber die „Neue Zeit“, das „New Age“, auf das wir zusteuern, können wir nicht selber machen, können wir nicht selber herbeimeditieren. Erst recht nicht mit Astrologie und Sprüchen vom „Fische“- oder „Wassermann“-Zeitalter. Es liegt letztlich ganz allein in Gottes Hand, die neue Zeit, den Himmel für alle, herbeizuführen. Diese Erkenntnis vermittelt auch die Schriftstelle aus dem dreizehnten Kapitel des Markus-Evangeliums: Nur der Vater kennt den Tag und die Stunde!

Wir wissen nicht, wann die Zeit da ist. Das ist gut so. Einerseits brauchen wir uns nicht damit aufzuhalten und uns dadurch ablenken zu lassen, daß wir herumrechnen und überlegen, wann es denn soweit ist. Andererseits befreit das Vertrauen auf Gott uns von dem Erwartungsdruck, durch eine gewaltige Bewußtseinsveränderung doch noch die heile Welt auf Erden schaffen zu können. Wer die Zeit Gott überläßt, gewinnt Raum für Gelassenheit, bekommt Luft für das Eigentliche: für die Liebe zu Gott und zu den Mitmenschen.

Selbstverständlich sollen wir uns auf Erden mit allen Kräften darum bemühen, eine bessere Zeit vorzubereiten. Aber wir sollen uns stets darüber im klaren sein, daß unsere Kräfte begrenzt sind. Die Anhänger des „New Age"-Denkens erwecken demgegenüber den Eindruck, als seien die Möglichkeiten des Menschen grenzenlos, solange er nur sein Bewußtsein verändern läßt. Diesem Trugschluß sollen wir als Christen eine deutliche Absage erteilen, bei allem Verständnis für die Sehnsüchte, die Menschen dazu bewegen, die Angebote der „New Age"-Bewegung anzunehmen.

Noch ein Wort:

Trotzdem

Gegen
alle Angst
wage ich
zu hoffen.
Weil Gott lebt,
mir Atem gibt,
kann auch ich
leben und
überleben.
Denn der Tag
fängt erst an,
er ist noch
nicht vorbei.
Gegen
alle Zeit
wage ich
zu hoffen.
Weil ich bin,
hat es Sinn,
der Zukunft
trotzdem
zu vertrauen.
Denn das Sein
kommt von Gott,
und zu ihm
führt es hin.

Hermann Schulze-Berndt

Über den Autor

Hermann Schulze-Berndt, Jahrgang 1958, Latein- und Religionslehrer, lebt in Bad Bentheim (Niedersachsen). Freier journalistischer Mitarbeiter in Kirchen- und Tagespresse, Autor mehrerer Bücher, schrieb Texte zu religiösen Musikspielen, neuen geistlichen Gesängen und modernen Kinderliedern (zusammen mit Peter Janssens, Marcel Lehmann, Werner Totzauer u. a.).

Weitere Kleinschriften

Reinhold Ortner

Religiös erziehen – wie?

32 Seiten; zweifarbiger Umschlag; brosch.

Eine Kleinschrift eines bedeutenden Pädagogen, die zur rechten Zeit herauskommt. Christliche Eltern fragen heute: Wie vermittle ich meinen Kindern vom 1. bis zum 18. Lebensjahr den Glauben an Jesus Christus? Der Autor versucht, aus der Praxis und für die Praxis Rat und Hilfe zu geben. Ein Büchlein für Eltern und Erzieher zum Nachdenken und zum Praktizieren.

ISBN 3-8050-0215-7

Reinhard Abeln

Wie sich Probleme lösen lassen

Nicht-Alltägliches in der Familie – Anregungen für Eltern und Erzieher.

48 Seiten; brosch.; zweifarbiger Umschlag; Format 17,8 × 10,7 cm.

Eine Kleinschrift des bekannten Autors in Familienfragen. In anschaulicher und konkreter Weise gibt Dr. Abeln Hinweise und Anregungen, wie bestimmte Alltagsprobleme in der Familie bewältigt werden können, z. B.:
Mein Kind trinkt – was tun? Unsere Tochter zieht aus!

ISBN 3-8050-0165-7

Joachim Burghardt

Die neue Welt der Kinder: Monster, Medien, Mikrochips

Was Eltern über Spielzeug, Fernsehen, Video und Computer wissen sollten.

40 Seiten; brosch.; zweifarbiger Umschlag; Format 17,8 × 10,7 cm.

Monsterfiguren mit kriegerischen Merkmalen, technisches Spielzeug wie Video und Computer prägen zunehmend „die neue Welt der Kinder". Eltern und Erzieher sind oft ratlos, fühlen sich überfordert. Wie es gelingen kann, die heutige Spielwelt nicht allein den Einflüssen von Industrie und Werbung zu überlassen, untersucht der Redakteur der Familienzeitschrift STADT GOTTES in dieser Broschüre.

ISBN 3-8050-0209-2